세계도시파노라마 3

런 던

리처드 플랫 글 | 마누엘라 카폰 그림 | 강미라 옮김

국민서관

런던

오늘날의 런던에 가면 여기저기서 영어로 말하는 시끌벅적한 소리가 들려요. 하지만 같은 영어를 쓴다 해도 그 발음은 조금씩 달라요. 우리 같은 관광객한테는 런던의 토박이 영어가 조금 낯설 거예요. 하지만 고급 레스토랑에 가면 미국 출신의 사업가들이 말하는 미국식 영어가 들릴 거예요. 레스토랑의 여종업원은 완벽한 영어를 쓰지만 그 속에는 영국이 아닌, 유럽 어떤 나라의 억양이 묻어 있고, 멀리 부엌 쪽에서는 아시아 사람이 말하는 영어도 들릴 거예요. 이제 런던은 영국만의 수도가 아니니까요. 런던은 영어권 세계의 중심이며, 날로 번창하고 있는 유럽의 도시들 중 하나랍니다.

오랜 역사 동안 런던은 사람들이 만나고, 교류하고, 섞이는 중요한 장소였어요. 런던은 유럽 대륙 한 귀퉁이에 있는 섬나라에, 굽이쳐 흐르는 강을 끼고 자리 잡은 도시예요. 런던은 지금으로부터 2000여 년 전에 처음으로 번영을 누렸어요. 이러한 성공은 욕심 많은 경쟁자들과 도시를 정복하고 파괴하려는 목적을 가진 침략자들을 유혹했어요.

수백 년 동안 영국은 아메리카, 아프리카 그리고 아시아에 식민지를 만들었어요. 덕분에 런던은 부유해졌어요. 하지만 식민지들이 붕괴하자 런던도 쇠퇴했어요. 하지만 완전히 기운 것은 아니었어요. 20세기에 런던은 경제 공황과 전쟁의 폭격, 테러리스트들의 공격을 견뎠어요. 그리고 오늘날 영국은 다시 한 번 영광스러운 미래를 꿈꾸고 있답니다.

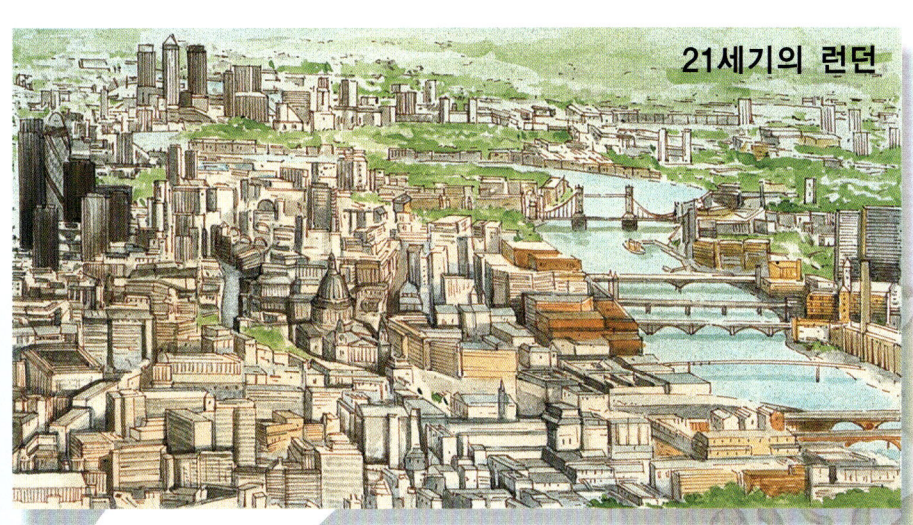

21세기의 런던

덴마크

북해

함부르크

네덜란드
암스테르담
헤이그
로테르담

벨기에

독일

브뤼셀
쾰른
본

룩셈부르크

프랑크푸르트

파리

런던의 연대표

기원전 30만 년, 빙하기 : 빙하들이 강을 막아 방향을 트는 바람에 템스 강이 오늘날처럼 남쪽으로 흐름.

기원전 5만 년 : 사냥꾼들이 템스 언덕을 따라 달리며 털이 북슬북슬한 매머드와 코뿔소를 사냥함.

기원전 3500년 : 사람들이 돌도끼를 사용하여 템스 강변의 나무를 잘라 집을 짓고, 여러 가족들과 마을을 이룸.

기원전 1100년 : 강기슭에 사는 사람들이 청동으로 만든 좋은 도구들을 템스 강에 던져서 물의 신들에게 바침.

기원전 800년 : 중앙 유럽에서 온 켈트족들이 템스 강변에 살아갈 터를 잡음.

서기 43년 : 로마군이 침공하여 템스 강에 다리를 놓고 새로운 도시인 론디니움을 건설하기 시작.

서기 60년 : 부디카 여왕이 이끄는 켈트족이 론디니움을 파괴함.

서기 225년 : 로마인들은 도시를 다시 세우고 침입을 막기 위해 성벽을 쌓음.

서기 407년 : 로마인들이 론디니움을 버리고 떠남.

서기 500년 : 성벽으로 둘러싸인 오래된 도시 서쪽에 독일에서 온 섹스족들이 룬덴빅이라는 새로운 도시를 만들기 시작.

서기 851년 : 덴마크의 바이킹들이 룬덴빅을 침략, 그 뒤로도 습격을 계속함.

서기 1078년 : 노르만의 공작인 '정복자' 윌리엄이 룬덴빅과 잉글랜드 전체를 정복한 뒤, 런던탑을 지으라고 명령.

서기 1209년 : 템스 강에 나무다리 대신 돌로 만든 다리 하나가 세워짐.

서기 1348년 : 런던 시민의 3분의 1이 흑사병으로 목숨을 잃음.

서기 1476년 : 윌리엄 캑스톤이 웨스트민스터에서 최초로 책을 인쇄함.

서기 1599년 : 윌리엄 셰익스피어의 극단이 템스 강 남쪽 기슭에 글로브 극장을 세움.

서기 1649년 : 잉글랜드를 둘로 나누어 싸우던 청교도 혁명으로 찰스 1세가 처형됨.

서기 1660년 : 런던에 살던 사무엘 페피스가 일기를 써서 유명해짐.

서기 1666년 : 런던 대화재가 일어나 성벽 안쪽 건물 대부분이 타 버림.

서기 1675년 : 세인트 폴 대성당을 다시 짓기 시작.

서기 1809년 : 가스 가로등들이 처음으로 런던 거리를 밝힘.

서기 1825년 : 런던은 세계에서 가장 큰 도시가 됨.

서기 1851년 : 런던의 하이드 파크에서 만국박람회가 열림.

서기 1863년 : 처음으로 런던에 지하철이 다님.

서기 1940년 : 제2차 세계 대전 때 폭격으로 런던의 건물들이 파괴되었지만 인명 피해는 많지 않았음.

서기 2005년 : 2012년 하계 올림픽 개최 도시로 런던이 선정.

기원전 300000
기원전 50000
기원전 1000
서기 1
서기 100
서기 500
서기 1000
서기 1500
서기 2000

'기원전'과 '서기'는 무슨 뜻일까요?

'서기'는 햇수를 세는 단위로 서력기원을 줄인 말이에요. '기원전'은 서기 1년 이전의 모든 해를 말해요. 예를 들어 기원전 100년이라고 하면 '서기가 시작되기 100년 전'이라는 뜻이에요.

차례

이제부터 여러분은 런던의 길고도 극적인 역사를 알아 가게 될 거예요. 한때 그저 강변의 작은 촌락에 불과했던 런던이 훗날 어떻게 번성한 도시로 성장했는지를 말이에요. 또한 런던이 어떻게 정복 당하고, 어떻게 완전히 잿더미가 되었는지도 알게 될 거예요. 그리고 여러분은 런던이 다시 한 번 기지개를 켜고 일어나 여러 문화가 공존하는 크고 희망찬 도시로 성장하는 모습을 지켜보게 될 것입니다.

바이킹의 침략
14쪽

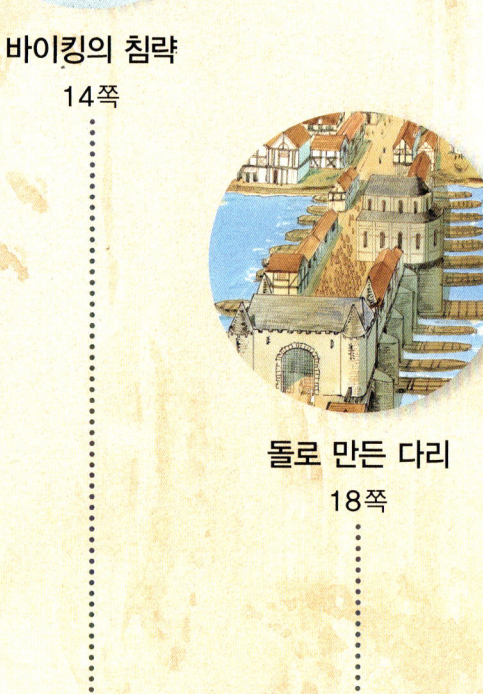

돌로 만든 다리
18쪽

신석기시대의 주거지
6쪽

기원전 3500년

부디카의 공격!
10쪽

서기 60년

서기 851년

서기 1216년

서기 43년   서기 225년   서기 1091년

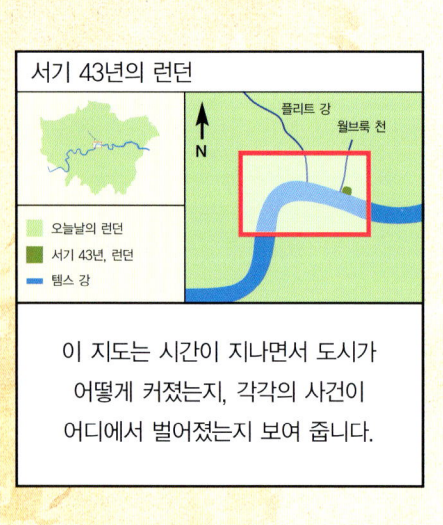

서기 43년의 런던

이 지도는 시간이 지나면서 도시가 어떻게 커졌는지, 각각의 사건이 어디에서 벌어졌는지 보여 줍니다.

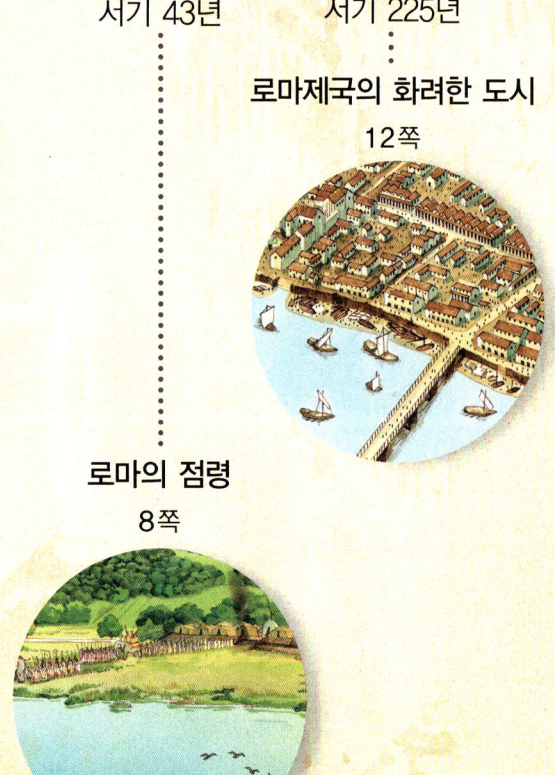

로마제국의 화려한 도시
12쪽

로마의 점령
8쪽

노르만족과 런던
16쪽

인쇄의 시대
22쪽

조지 왕 시대
30쪽

패션과 유행의 도시
38쪽

대화재
26쪽

거대한 산업 발달
34쪽

서기 1476년　서기 1666년　서기 1783년　서기 1900년　서기 1963년

서기 1348년　서기 1602년　서기 1707년　서기 1851년　서기 1940년　오늘날

셰익스피어 시대
24쪽

대공습
36쪽

흑사병!
20쪽

잿더미에서 시작
28쪽

만국박람회
32쪽

올림픽 개최 도시
40쪽

신석기시대의 주거지

기원전 3500년

굽이쳐 흐르는 템스 강 중류의 낮고 질척한 강가에서 사냥꾼들이 몸을 숨기고 통통한 거위 떼를 향해 돌촉이 달린 창을 던지고 있어요. 하지만 거위들은 깜짝 놀라 꽥꽥 울면서 날아가 버리네요. 이번에는 사냥감을 놓쳤지만 사냥꾼들은 끼니를 굶지 않을 거예요. 나무 오두막이 모여 있는 마을 주변에는 사냥할 새들이 많으니까요. 또한 물고기를 비롯해서 사슴 같은 커다란 사냥감도 많이 있어요.

사냥꾼들은 템스 강의 기슭을 따라 20만년 동안이나 이동하며 살았어요. 하지만 이곳의 신석기인들은 이동을 멈추고 숲의 나무를 베어 농경지를 만든 최초의 사람들 중 하나랍니다. 조상들처럼 사냥을 하거나 열매를 모아 먹을거리를 장만할 뿐만 아니라, 농사를 짓고 가축을 키우기 시작했지요.

신석기인들은 자갈이 있는 강변의 고지대에 마을을 지었어요. 이곳은 흙이 기름지고 주변의 습지보다 물이 잘 빠져요. 강에 홍수가 나도 이곳은 보송보송해요. 또한 수심이 얕아서 강을 건너기도 쉬워요. 이런 장점들 때문에 템스 강에는 가족 단위로 점점 더 많은 사람들이 모여들게 될 거예요. 이들 중 일부는 우리가 지금 '런던'이라고 부르는 곳에 길이 남을 자국을 만들며, 정착하여 살아갈 거예요.

늑대들은 빽빽한 덤불 속에서 어슬렁거리고 있어요.

수심이 얕은 템스 강은 갈대가 무성한 섬들과 모래언덕을 지나 천천히 굽이쳐 흐르고 있어요.

신석기인들은 토기를 만들고 예쁘게 장식했으며 아주 단단한 돌조각들을 다듬어 날카로운 도구를 만들었어요.

기원전 3500년의 런던
플리트 강
월브룩 천
오늘날의 런던
기원전 3500년, 런던
템스 강
신석기 유적지로 추정되는 곳

야생 사슴

먹을 것을 찾고 있는 멧돼지

로마의 점령
서기 43년

멀리서 들려오는 갑작스러운 나팔 소리가 아침의 고요함을 흔들자, 나무 위의 까마귀들이 푸드득 날아올랐어요. 그 소리에 마을 사람들은 모두 동그란 오두막에서 뛰어나왔어요. 켈트족이 살고 있는 강변을 로마가 침략한 거예요! 마을을 둘러싸고 있는 낮은 나무 담장은 호기심 많은 동물들은 막아 주지만 세계 최강의 군대를 막지는 못한답니다.

따뜻한 지중해 연안에서 온 로마 사람들은 이미 유럽의 대부분을 점령한 상태예요. 로마군은 훈련을 잘 받았고 장비도 잘 갖추고 있어요. 또한 잘 닦인 도로망이 있어서 이탈리아에서 식민지까지 신속하게 오갈 수 있어요. 이제 로마군이 영국에 도착했네요. 무시무시한 코끼리를 앞세우고 4만 명의 병사들이 강 위에 떠 있는 배다리를 건너려고 해요.

- 수평선 너머 남쪽에 또 다른 로마 병사들이 진을 치고 있어요.
- '배다리'는 작은 배들 위에 널빤지를 깔아 만든 거예요.
- 선발대인 로마 군인들이 마을을 염탐하러 오고 있어요.
- 돌을 채운 바구니를 강바닥에 가라앉혀 배들을 세웠어요.
- 마을 중앙에 있는 목조 신전은 커다란 나무 기둥들을 땅에 박아 만들었어요.
- 작은 밭에서는 밀이 자라고 있어요.
- 울타리는 동물들로부터 곡식을 지켜 줘요.
- 켈트족은 이곳에 정착하여 더 많은 땅을 농경지로 만들었어요.
- 켈트족 전사들이 로마군의 위협에 맞서기엔 여러모로 부족했어요.
- 나무 기둥을 세워 만든 높은 담은 마을을 보호하기 위한 거예요.

부디카의 공격!
서기 60년

로마가 지배하게 되면서, 강변에 있던 켈트족의 오두막들은 튼튼한 집들로 바뀌었어요. 서기 60년에 이르자 이 도시는 육지와 수상 무역의 중심이 되었어요. 이 도시에서 가장 넓은 길에는 돌로 만든 포럼(시장이 있는 건물)이 서 있어요. 프랑스와 이탈리아에서 온 배들은 템스 강에 들어와 견고한 다리 옆 부두에 싣고 온 물건들을 내려놓았어요. 여기 '론디니움'에 사는 로마인들은 이곳이 늘 안전하다고 느끼기 때문에 도시를 지키기 위한 성벽조차 쌓지 않았어요.

하지만 로마인들은 자신을 너무 믿었다가 큰 대가를 치르게 되었어요. 잉글랜드 동쪽에 살고 있던 켈트족 가운데 하나인 이케니족이 반란을 일으킨 거예요. 로마인들은 이케니의 여왕 부디카를 채찍으로 때리고 그녀의 두 딸을 욕보였어요. 이케니 사람들은 복수를 맹세하고 론디니움으로 쳐들어왔어요. 론디니움의 통치자인 수에토니우스는 놀라서 시민들에게 피난하라고 명령했답니다.

부디카 여왕(서기 60년 사망)이 부르짖었어요. "로마인들에게 보여 주자. 그들은 늑대를 다스리려 하는 토끼들이라는 것을."

템스 강 위의 나무다리를 건너 도망가는 로마인들

복수심에 가득 찬 이케니 전사들은 숨어 있는 사람들까지 찾아냈어요.

가이우스 수에토니우스 파우리누스 장군이 로마군에게 후퇴하라고 명령하네요.

부두 근처에 있는 무역 상인들의 집들도 불타고 있어요.

이케니 반란군들이 전리품으로 가지고 갈 값진 물건들을 찾고 있어요.

불이 붙은 배들

돛에 붙은 불은 항구에 있는 다른 배들에 언제 옮겨붙을지 몰라요.

선원들이 부두에 있는 배들을 타고 달아나려고 해요.

바이킹의 침략
서기 **851**년

밀물은 키가 크고 무섭게 생긴 전사들이 노를 젓고 있는 수많은 군함을 템스 강변으로 데리고 왔어요. 바이킹들은 강기슭으로 올라가 굶주린 늑대들처럼 도시를 공격했어요. 바이킹은 덴마크의 해적들을 말해요. 계속되는 바이킹의 약탈은 강변의 작은 도시에 사는 색슨족들의 생존에 엄청난 위협이 되고 있어요.

로마인들이 세운 성벽

색슨족의 집은 낮고 단순한 구조예요.

소중한 가축들을 지키기 위해 목동이 가축들을 북쪽의 들판으로 몰고 있네요.

색슨족은 오늘날 런던의 유명한 코벤트 가든 지역에 자리 잡고 있습니다.

강변의 시장들은 이미 국제무역의 중심지네요.

키가 큰 바이킹 전사들은 외모부터 위협적이에요.

떠나면서 바이킹들이 지른 불로 룬덴빅은 완전히 잿더미가 될 거예요.

널빤지 다리처럼 만들어 놓은 룬덴빅의 작은 부두는 금방 부서졌어요.

바이킹들이 건강하고 젊고 아름다운 사람들을 노예로 팔기 위해 끌고 가고 있어요.

4세기 전에, 독일에서 온 색슨족들이 로마의 힘이 약해진 틈을 타 이 지역을 차지했어요. 색슨족들은 론디니움의 서쪽에 자리를 잡고 강가에 룬덴빅이라는 작은 도시를 세웠어요. 그리고 도시 주변의 땅에 농사를 지었어요. 기독교 신자였던 이들은 강 근처에 교회들을 세웠어요. 바이킹들은 약탈을 위해 이 교회를 제일 먼저 차지했어요. 신성한 곳일수록 값진 전리품이 많다는 것을 잘 알고 있으니까요.

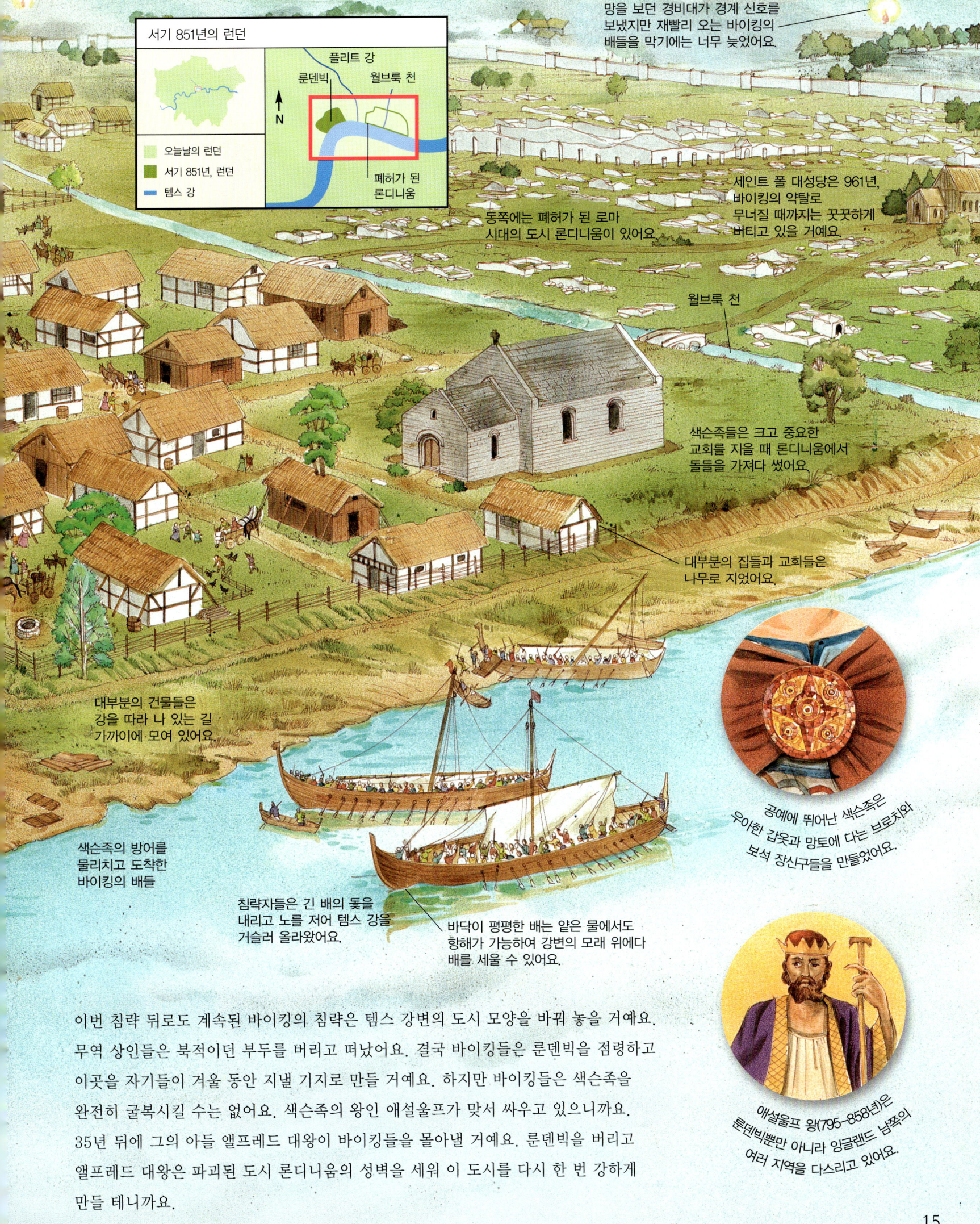

다리 상판 하나를 들어 올리면 큰 배들이 지나갈 수 있어요.

나무로 만든 다리가 템스 강 위에 놓여 있네요.

대부분의 집들이 아직 나무로 골조를 세우고 초가로 지붕을 얹은 모습이에요.

강한 바람이 화이트 타워의 일부를 무너뜨리고 600여 가구의 집들을 부숴 버렸어요.

이 지역의 석공들과 일꾼들이 새 요새가 될 런던탑을 짓는 일에 강제로 동원되었어요.

노르만족과 런던

서기 1091년

런던의 동쪽 구석에서는 석공들이 높고 큰 성을 짓느라 애쓰고 있네요. 또다시 외국에서 온 통치자가 런던을 다스리고 있어요. 프랑스의 노르망디에서 온 윌리엄이 25년 전인 1066년에 잉글랜드를 정복했거든요. '정복자(The Conqueror)' 윌리엄으로 다시 이름을 지은 프랑스 왕은 사납고 불안한 잉글랜드의 국민들을 좀 더 강한 힘으로 다스렸어요. 런던탑에 있는 화이트 타워는 노르만족이 지은 여러 성채 중에서 가장 멋진 건물이랍니다.

윌리엄은 런던을 잉글랜드의 수도로 만들었어요. 그는 런던을 완벽히 통제하고자 했어요. 도시를 둘러싼 성벽 너머 서쪽에 자리 잡고 있는 웨스트민스터는 왕이 살고 있는 궁전이자 재판소가 있는 법률의 중심지예요. 성벽 안쪽 지역에서는 상인들이 국내 무역과 해외 무역을 주도하고 있어요. 또한 런던은 종교적인 도시이기도 합니다. 수많은 교회들과 수도원들을 새로 짓고 있으니까요.

노르망디에서 온 사람들은 프랑스의 채석장에서 돌들을 가져다 쓰고 있어요.

1091년에 런던에는 거센 강풍이 불어서 교회 지붕들이 날아가 버렸고 다리도 망가졌어요.

나무 기둥을 박아서 만든 부두는 질척한 강둑에 배를 쉽게 댈 수 있게 해 줍니다.

돌로 만든 다리

서기 1216년

옛날부터 런던 사람들은 나무다리들을 통해 소용돌이치는 템스 강물을 건너다녔어요. 전쟁, 화재, 홍수, 결빙, 강풍을 겪고 부패하면서 그 나무다리들은 차례차례 못 쓰게 되었지요. 그러다 12세기에, 사제이자 다리 만드는 기술자인 피터 드 콜처치는 좀 더 강하고 튼튼한 다리를 만들 때라고 생각했어요. 바로 돌로 다리를 만들기로 한 거죠.

런던의 새 다리는 7년 전인 1209년에 완공되었어요. 1216년 여름인 오늘, 이 다리는 정치적인 혁명의 한가운데에 있네요. 잉글랜드의 인기 없는 왕인 존(1167-1216년)이 막강한 힘을 가진 귀족들과 전쟁을 벌이고 있어요. 왕의 횡포와 무능함에 질려 버린 신하들은 프랑스 왕인 루이 8세(1187-1226년)를 존 왕 대신 자신들의 왕으로 모셔왔어요. 루이 왕과 그의 기사들은 새 왕을 환영하러 나온 군중을 만나기 전, 다리 입구에서 잠시 멈춰 서 있네요.

런던의 화려한 세인트 폴 대성당에서 프랑스에서 온 왕을 맞이하는 환영식이 열릴 거예요.

강변에 있는 염색 공장에서 나오는 물감으로 강물이 물들어 있어요.

서기 1216년의 런던

- 오늘날의 런던
- 서기 1216년, 런던
- 템스 강

웨스트민스터, 플리트 강, 월브룩 천, 세인트 폴 대성당, 서더크

로마의 지배를 받는 동안 런던은 다리 건너 남쪽 지역까지 확장되었어요.

다리 남쪽에 있는 이 지역을 서더크라고 부르는데, '남쪽에 있는 요새'라는 뜻이에요.

사람들은 뱃사공의 배를 타고 템스 강을 건너기도 해요.

여전히 대부분의 런던 집들은 나무로 지어져 있어요.

윈체스터 주교의 집

서더크는 한때 습지였던 곳에 세워졌어요.

서더크 소수도원

런던에 온 지 얼마 되지 않아 루이는 세인트 폴 대성당에서 대관식을 치르고 왕이 되었어요.

프랑스 사람들이 도착하기 전에 잉글랜드의 존 왕은 다리를 건너 윈체스터로 도망갔어요.

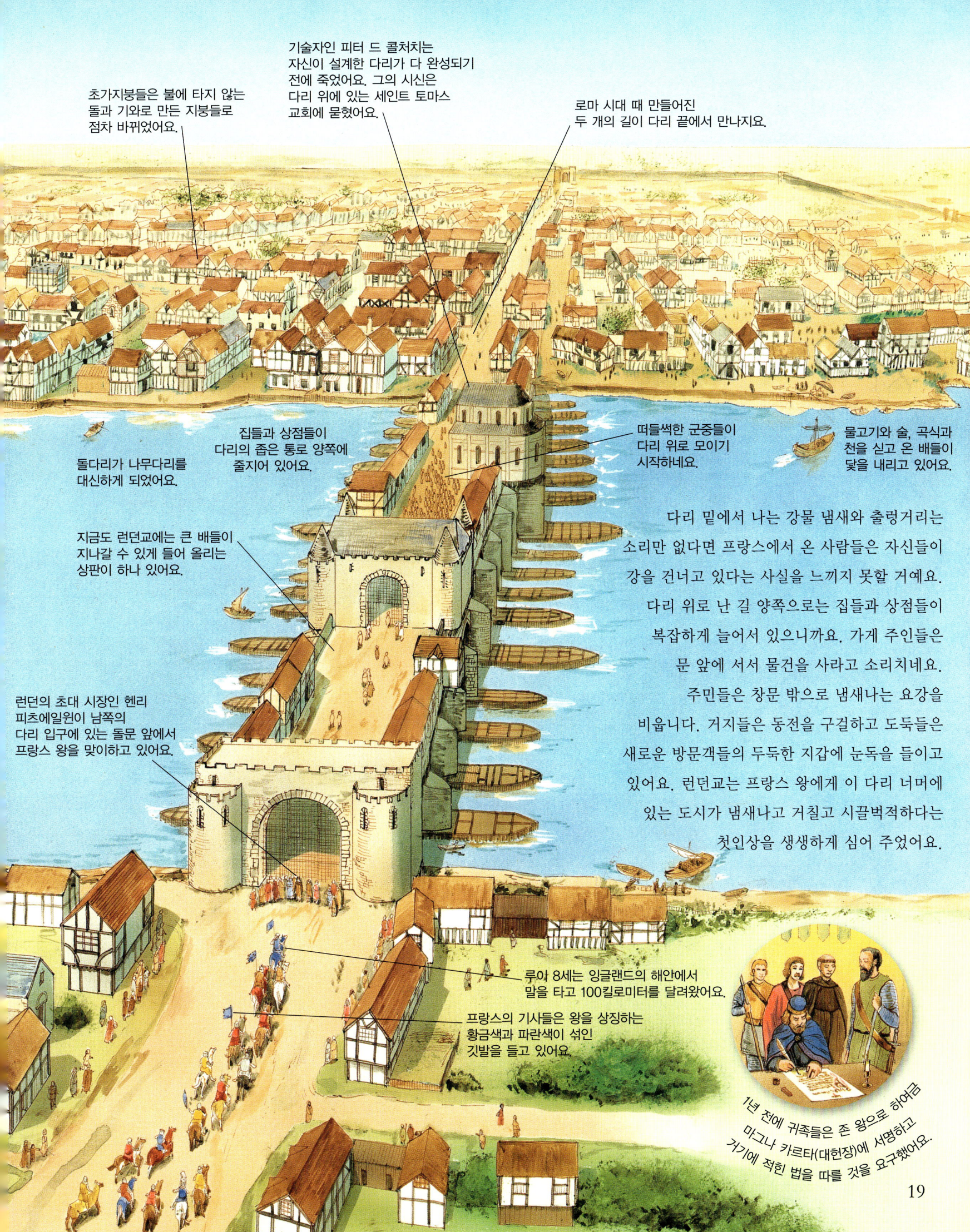

브리스톨(잉글랜드에서 두 번째로 큰 항구)에 프랑스에서 배를 타고 온 여행자들이 흑사병을 퍼뜨렸어요.

집들이 다닥다닥 붙어 있어서 전염병은 빠르게 번지고 있어요.

런던 사람들은 푸줏간에서 버린 쓰레기가 전염병을 퍼트리는 건 아닌지 생각한답니다.

어떤 사람들은 개구쟁이 아이들이나 헐렁하고 단정하지 못한 옷차림이 전염병의 원인이라고 믿고 있어요.

도둑들은 사람이 죽어 없는 빈집에 들어가 값나가는 물건을 훔치네요.

흑사병!
서기 1348년

1348년 겨울은 치명적인 위험과 함께 런던에 찾아왔어요. 보이지 않고 소리도 나지 않는 살인자가 텅 빈 거리로 살금살금 다가왔어요. 공포에 질린 시민들은 그 살인자가 얼마나 무서운지 소문으로 듣고, 다들 집 안에 숨어서 나오지 않았지만 소용없었어요. 런던 시민의 4분의 1이 죽었어요. 바로 페스트 때문이었어요. 이제껏 런던에 이렇게 치명적인 전염병이 돌았던 적은 없었답니다.

병에 걸리면 피부가 검게 변하기 때문에 '흑사병'이라는 별명을 얻게 된 페스트는 빠르게 퍼져 나갔어요. 추위와 습한 날씨, 배고픔에 녹초가 된 사람들은 이 병과 싸울 힘이 없었어요. 흑사병에 걸리면 사과 크기만 한 물집이 다리 사이와 겨드랑이에 생기고 환자는 며칠 안으로 피를 토하고 죽었어요. 의사들은 피를 뽑는 등 치료를 했지만 오히려 그것이 환자들을 더 빨리 죽게 만드는 결과를 가져왔어요.

너무나 많은 사람들이 죽어서 어떤 거리는 이제 텅 비어 있어요.

인쇄의 시대

서기 1476년

여기는 웨스트민스터 사원에 속해 있는 어떤 가게의 뒷방이에요. 한 일꾼이 기계 손잡이를 당기자 잉크가 묻은 금속 활자들이 젖은 종이를 꾹 누르네요. 일꾼은 인쇄한 종이를 꺼내서 먼저 찍어 놓은 다른 종이들과 함께 줄에 널어 말리고 있어요. 그 종이들을 하나로 묶어서 책을 만들게 될 거예요. 인쇄술이 런던과 영국 전체를 변화시키고 있어요. 인쇄한 책은 지식을 전보다 빠르고 효율적으로 사람들에게 전파시키고 있답니다.

이 공장의 주인은 윌리엄 캑스톤이에요. 상인이자 작가인 그는 독일에서 인쇄 기술의 비밀을 배워 왔어요. 독일에서는 이미 40년 전에 인쇄술을 발명했답니다. 그 전에는 책들이 귀하고 아주 비쌌어요. 사제들이나 수도사들이 한 자 한 자 손으로 직접 베껴 썼으니까요. 캑스톤의 인쇄기를 사용하면 사람이 펜으로 한 권을 베끼는 시간에 1,000권이나 되는 책을 인쇄할 수 있답니다.

웨스트민스터의 이곳저곳에는 목장과 농경지가 있어요. 아직도 이곳에 가면 농장에서 키우는 동물들을 흔히 볼 수 있어요.

웨스트민스터 사원의 수도사들은 근처의 가난한 마을 사람들을 도와주고 있어요.

웨스트민스터 사원

정원에는 향이 좋은 약용식물들이 있고, 십자가 모양의 길이 나 있어요.

사원의 소년들이나 학교에 다니는 소년들은 인쇄된 책으로 쉽게 공부할 수 있어요.

잉크 묻은 활자에 종이를 올려놓고 글자를 인쇄하는 나무 인쇄기

인쇄된 뒤 마르고 있는 종이들

캑스톤의 공장은 가난한 사람들이 사는 동네인 알몬리에 있어요.

활자조판공이 납 위에 작은 글자들을 새겨 만든 '활자'를 배열하여 단어와 문장으로 만들고 있어요.

인쇄공은 가죽으로 만든 솔로 금속활자 위에 잉크를 묻혀요.

향초나 약용식물 줄기를 잘라 모은 '스트류'를 마룻바닥에 두면 잉크 냄새로 고약해진 실내 공기가 상쾌해져요.

셰익스피어 시대
서기 1602년

무대 위로 배우들이 나오자 떠들썩하던 객석은 순식간에 조용해졌어요. 이 연극을 보기 위해 강을 건너 온 사람들은 평소보다 두 배나 비싼 입장료를 냈어요. 연극 '한여름 밤의 꿈'을 처음 공연하는 자리거든요. 관객들은 대사 한마디도 놓치고 싶지 않아요. 무대 옆에서는 극작가 윌리엄 셰익스피어가 만족스러운 미소를 짓고 있네요. 또다시 객석은 꽉 차 있으니까요……

서리의 수도원에서 온 수도사들이 런던을 방문할 때 머무는 숙소인 처트세이 하우스

좌측에 런던의 한 주점에서 결성된 동인도회사는 인도와 처음 교역을 하게 될 거예요. 하지만 그 다음에는 인도를 지배하게 되겠지요.

이 부두는 두 명의 주인이 40년 동안이나 수리 비용으로 싸우는 바람에 계속 허물어져 버렸대요. 그래서 브로큰 워프(망가진 부두)란 이름을 갖게 되었어요.

뱅크사이드의 재밋거리 중에는 곰 놀리기도 있어요. 이 놀이는 곰들을 쇠줄로 묶어 놓고 사냥개들이 물게 하는 놀이지요.

세인트 메리 오베리 부두

이곳 거리를 걸을 때는 발밑을 조심해야 해요. 극장에는 화장실이 없으니까요.

영국 사람들은 엘리자베스 1세가 통치하던 시대(1559~1603년)를 문화가 꽃피고 번성했던 '황금기'로 기억하게 될 거예요.

셰익스피어의 극단은 뱅크사이드라는 곳에 글로브 극장을 지었어요. 이곳은 술주정뱅이와 범죄가 들끓는 험한 곳이지만, 런던 시의원들의 간섭에서 벗어나 있는 곳이기도 해요. 시의원들은 배우들을 질병을 퍼뜨리고 소음과 혼란만 일으키는 부랑자들로밖에 보지 않거든요. 하지만 엘리자베스 1세 여왕의 생각은 달랐어요. 여왕은 40년 동안이나 나라를 다스리느라 늙고 지쳐 있지만 연극을 좋아해요. 그래서 셰익스피어의 극단을 지원해 주고 있어요.

많은 사람들이 여왕의 관심으로 도움을 받고 있어요. 여왕이 다스리는 동안 런던은 더 부유해졌어요. 영국의 해군은 스페인 무적함대와 싸워 이겼어요. 그리고 런던의 상인들은 유럽 최초의 증권거래소를 세웠지요. 또 세계 곳곳으로 탐험을 떠난 상인들은 그곳에서 얻은 부를 다시 런던으로 가지고 왔어요. 여기 글로브 극장의 가장 좋은 자리에 앉아 있는 사람들이 바로 그들이지요. 부자 상인들은 연극이 끝나면 열렬히 박수를 칠 거랍니다.

서기 1602년의 런던

웨스트민스터
세인트 폴 대성당
베이너드 성
서더크

오늘날의 런던
서기 1602년, 런던
템스 강

대화재

서기 1666년

탁탁 나무 타는 소리와 함께 뜨거운 불꽃이 푸딩 레인 거리에 있는 한 빵집 창문 밖으로 노란 혀를 날름거리고 있어요. 9월 2일, 막 자정을 넘긴 시간에 오븐의 작은 불씨 하나가 옆에 쌓아 둔 마른 나뭇가지 더미에 튄 거예요. 한 시간 안에 이 불길은 푸딩 레인 거리를 모두 삼키고, 기름과 위스키, 피치(석유나 석탄에서 뽑아낸 검고 끈적끈적한 물체)를 쌓아 두었던 창고로 옮겨갔어요.

처음엔 이 불을 걱정하는 사람이 별로 없었어요. 화재는 평소에도 자주 일어나니까요. 심지어 런던 시장조차도 대수롭지 않게 생각했어요. 시장은 불구경을 한 뒤 별일 아닐 거라고 생각하며 잠자리에 들었어요. 하지만 그의 생각은 틀렸어요. 강한 바람이 불길에 부채질을 해 주었으니까요. 양동이로 물을 퍼다 붓는 가장 흔한 방법으로는 불길을 잡을 수 없었어요. 불길이 런던교까지 다가와 도시 전체에 강물을 공급해 주던 물레방아들을 태워 버리고 말았어요.

작가 사무엘 페피스(1633-1703년)는 런던 대화재를 기록한 일기에 가장 아끼는 치즈를 땅에 묻고 피난을 갔다고 써 놓았어요.

뱃사공들은 사람들을 강 너머로 건너 주면서 돈을 많이 벌었어요. 평소보다 뱃삯을 두 배나 받았으니까요.

런던이 잿더미가 될 거라는 사실이 확실해지자 런던 시민들은 도시를 탈출하기 시작했어요. 손에 들 수 있는 짐만 든 채, 배를 타고 강을 건넜어요. 다행히 이 불로 6명만이 목숨을 잃었어요. 템스 강 남쪽 기슭에 서서 사람들은 세찬 불길이 런던의 10분의 9를 태워 버리는 것을 3일 동안 지켜보았어요. 하지만 잿더미가 채 식기도 전에 런던의 지도자들은 새로운 도시를 건설할 계획을 세우고 있네요.

잿더미에서 시작

서기 1707년

40여 년 전에 일어난 대화재로 런던은 파괴되었지만, 얻은 것도 있었어요. 불꽃은 복잡하고 더럽고 비위생적인 거리들을 모두 쓸어가 버렸거든요. 그 자리에 런던 시민들은 더 나은 새로운 도시를 만들었어요. 여관과 집들을 가장 먼저 지었는데, 안전을 위해 모든 건물은 불에 강한 재료를 사용했어요. 화재가 나고 6년이 지나서야 불탄 거리들은 대부분 복원되었어요.

공공건물을 짓는 일은 좀 더 까다로웠어요. 여러 관리들은 커다란 바둑판 모양의 새로운 도시 디자인보다는 옛날부터 있었던 길을 살리는 걸 선호했어요. 그 길을 따라 시청, 증권거래소, 옷 가게와 상인 회관을 지었어요. 석탄에 부과한 세금으로 도시는 재건되었어요. 불에 타 버린 50여 개 교회들을 다시 짓는 일은 재능 있는 과학자이자 건축가인 크리스토퍼 렌이 맡았어요.

크리스토퍼 렌(1632-1723년)은 성당을 짓는 일을 여러 건축가들과 함께 나누어 했어요.

이 거대한 일에 렌은 인생의 절반을 바쳤어요. 하지만 이제 마무리되고 있어요. 마지막으로 짓고 있는 건 세인트 폴 대성당이에요. 현기증 나게 높은 곳에서 일하고 있는 석공들과 목수들을 지켜보려고 렌은 천장에 매달린 바구니 안에 들어가 있어요. 그는 성당의 왕관이라고 할 수 있는 거대한 돔(공을 반으로 자른 모양의 지붕)을 완성하도록 꼼꼼하게 감독하고 있어요. 회색 납판을 댄 이 돔은 런던뿐만 아니라 영국을 대표하는 가장 유명한 얼굴이 될 거예요.

모든 지붕은 불에 잘 안 타는 재료로 만들어져 있어요.

벽은 모두 벽돌이나 돌로 쌓았어요. 나무로 벽을 만드는 것은 금지되어 있어요.

이제 거리는 좀 더 넓어졌어요. 하지만 대부분의 길들은 불이 나기 전의 모습대로 만들어졌어요.

오래되어 허물어진 이 대성당은 폭약을 사용해 조심스럽게 철거했는데, 이때 사람들은 지진이 난 줄로 오해했어요.

성당 지붕의 중심선은 부활절 아침에 뜨는 태양과 정확하게 일직선을 이루고 있어요.

사람들이 자꾸 와서 방해를 하는 바람에 렌은 건설 현장 주변에 나뭇가지를 엮어 거대한 울타리를 쳐 버렸어요.

나무 크레인

돌들은 강에서 언덕으로 끌어올렸는데 가장 큰 것은 나르는 데 일주일이 걸렸어요.

건물을 짓는 데 총 736,000파운드가 들었어요.

노동자들은 시간당 임금을 받는 것이 아니라 건물이 1피트(30.48센티미터)씩 올라가는 것에 따라 임금을 받았어요.

불에 타기 전에도 런던에서 가장 큰 건물이었던 세인트 폴 대성당은 대부분의 건물이 완성되었을 때부터 짓기 시작했어요.

건설 현장은 경비원과 두 마리의 크고 사나운 개들이 지키고 있어요.

조지 왕 시대
서기 1783년

영국의 왕 조지 3세(1738-1820년)는 둘로 갈라진 런던에서 왕국을 다스리고 있어요. 런던을 둘로 가르고 있는 것은 높은 담이 아니라 돈과 계급이에요. 부유한 귀족들은 여기저기에 새로 생긴 넓은 저택에서 호화롭게 살고 있어요. 하지만 근처의 지저분한 거리에서는 아이들이 늑대처럼 떼 지어 다니며 살아남기 위해서 도둑질을 해야 해요.

사업가나 경영자들은 런던의 카페에서 만나 새로운 정보와 소문을 나누고 계약을 해요.

상류사회 사람들이 사는 옥스퍼드 거리에는 상점은 없지만 멋진 집들이 늘어서 있어요.

사형을 당할 강도가 타이번에 있는 교수대로 실려 가고 있어요.

처형 장면을 보기 위해 수많은 사람들이 마차 뒤를 따라가네요.

웨일스에서 런던의 시장까지 거위들을 몰고 온 가축 상인

타이번에서 일어나는 처형은 마치 축제 같아요. 사람들은 하루 일과를 쉬고 범죄자들이 죽는 것을 구경하러 와요.

부자들은 도박을 즐기러 클럽에 갈 때 마차를 타고 가요.

런던에서 제일 못사는 빈민가는 세인트 자일스 성당 주변에 모여 있어요. 런던의 두 얼굴은 서로 이웃한 채 마주 보고 있지요. 빈민가에서 태어난 아이들은 10명 중 1명만이 5살까지 살아남을 거예요. 이 아이들은 부자들의 주머니를 털면서 살아가겠죠. 만약 소매치기를 하다 걸리면 그 아이는 교수대에서 처형 당할 거예요. 이 시대에는 법이 가혹하기 때문에 사소한 범죄를 저질러도 사형을 당한답니다.

밝은 대낮에도 부자들은 거리에서 소매치기를 당할 위험이 있어요.

만국박람회
서기 1851년

런던의 가장 큰 공원에서 다이아몬드처럼 반짝이고 있는 건 '크리스털 궁전'이에요. 궁전 안에 있는 커다란 온실에는 여러 식물들이 있지만, 줄지어 안으로 들어간 사람들은 그곳을 가볍게 지나쳐 버리네요. 이 거대한 궁전은 영국과 다른 나라들의 앞선 예술과 산업 기술을 소개하는 특별 전시회를 위해 지은 것이랍니다.

건축가 조셉 팍스톤(1803~65년)은 수련을 키우는 온실을 모방해 크리스털 궁전을 만들었어요.

템스 강은 남동쪽 방향으로 굽이쳐 흐르고 있어요.

크리스털 궁전의 디자인은 정원에 있는 온실을 토대로 만든 거예요.

유리 건물의 꼭대기는 8층짜리 건물만큼 높아요.

건물을 빨리 짓기 위해서 표준 규격의 유리를 사용했어요.

거대한 온실은 느릅나무들이 통째로 들어갈 정도로 커요.

건물의 길이는 564미터여서 축구경기장 6개를 합친 것보다도 더 길어요.

93,000명이 건물 안에 있어도 전혀 복잡해 보이지 않아요.

건물에 사용된 유리들을 모두 평평하게 깔아 놓으면 테니스 경기장 320개를 덮을 거예요.

방문객 수는 모두 600만 명으로 영국 인구의 3분의 1정도 되는 수예요.

입장료는 1실링인데 이는 노동자들 하루 일당의 3분의 1에 해당돼요.

런던의 합승 마차

빅토리아 여왕(1819-1901년)의 남편인 앨버트 공의 제안으로 열린 만국박람회는 대성공을 거두었어요. 세계의 주요한 나라에서 모두 박람회에 진열할 작품들을 보냈어요. 사람들은 거대한 증기 엔진 기계를 보고 놀라워했고, 4명의 연주자가 동시에 연주하는 피아노를 보고 감탄했어요. 또 비누로 만든 조각들을 보고 즐거워했어요. 영국 국민의 3분의 1이 만국박람회를 다녀갔어요. 입장료 수입은 박람회에 든 돈을 제외하고 근처에 박물관을 3개나 지을 정도로 넉넉했어요.

그 안의 전시품들만큼이나 크리스털 궁전도 경이로움 그 자체였어요. 이 건물은 단단한 철골 구조물에 유리판을 사용해 아홉 달 만에 지었어요. 박람회가 끝나면 건물은 철거된 뒤 12킬로미터 옮겨서 다시 세워질 거예요. 런던 시민들에게 크리스털 궁전과 박람회는 풍요롭고, 거대하고, 막강한 조국과 런던에 대한 커다란 자부심이랍니다.

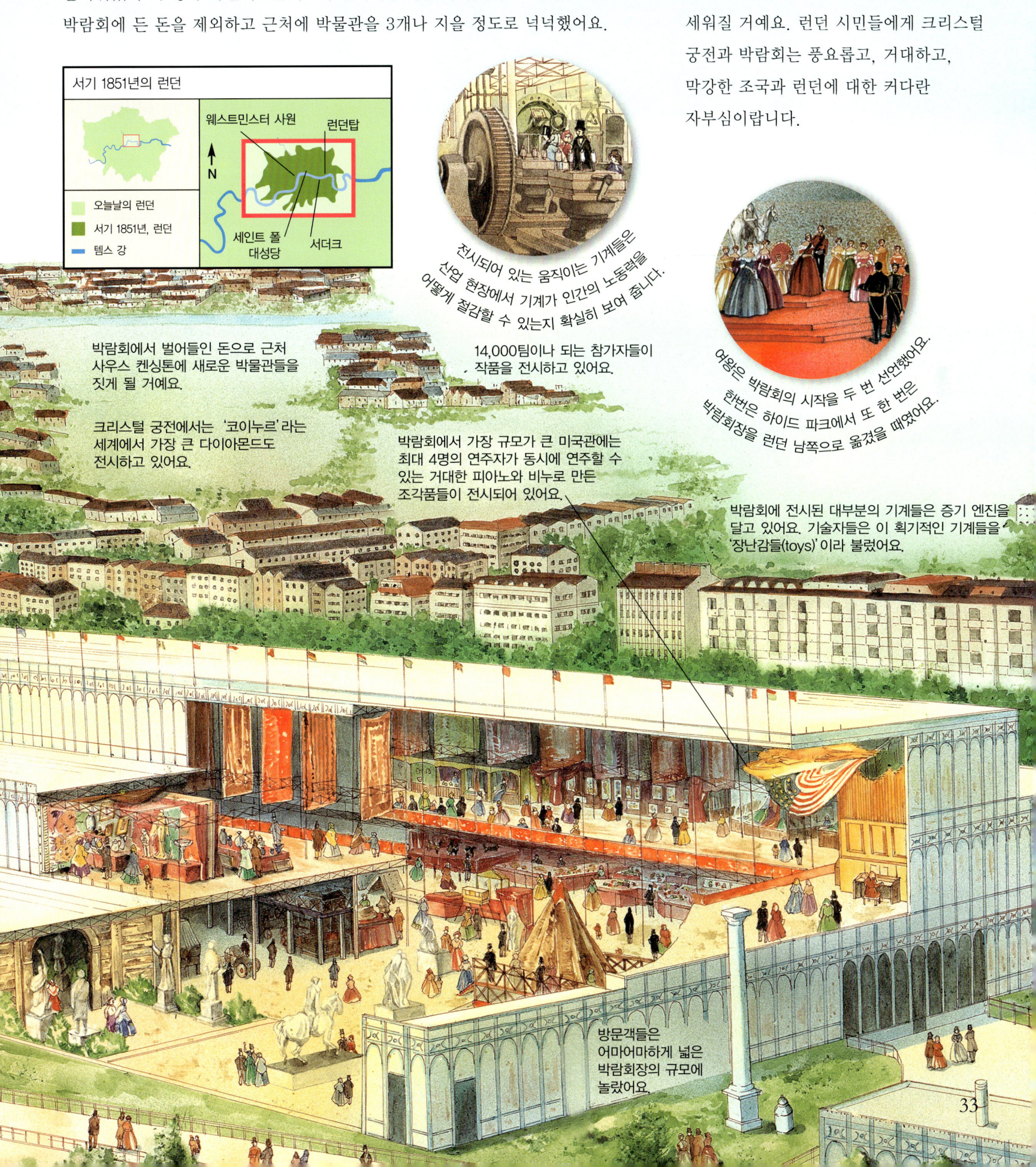

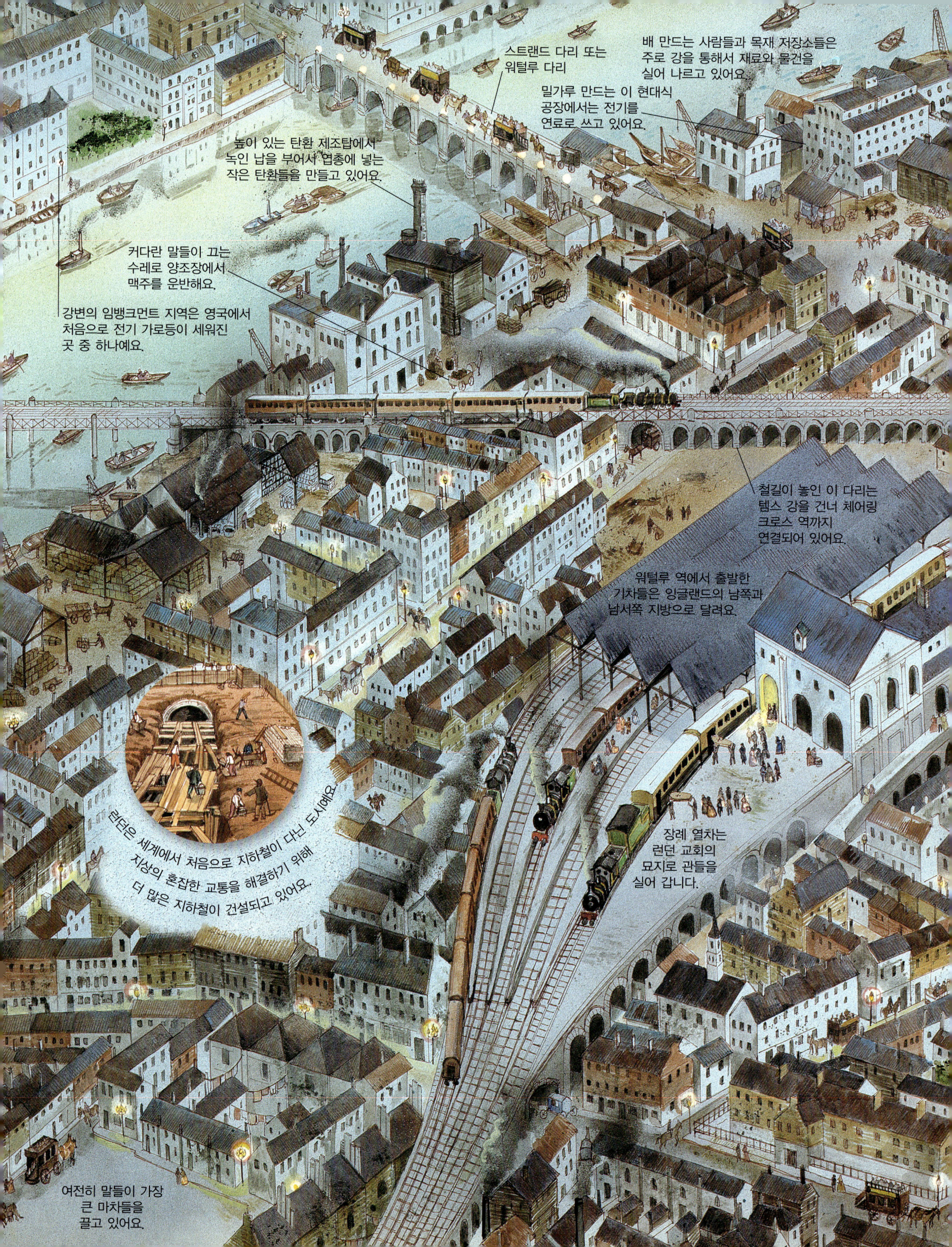

거대한 산업 발달

서기 1900년

유리와 도기를 만드는 공장 굴뚝에서 나오는 스모그(연기) 때문에 다른 건물들이 검게 그을었어요.

소규모 작업장에서는 가구, 옷, 실크, 모자, 보석, 총기류를 만들고 있어요.

런던의 거리는 교통이 아주 복잡해요.

세인트 존스 성당

서기 1900년, 이제 런던은 세계에서 가장 큰 도시예요. 분주한 도시의 중심부에는 작업장과 제조 공장들이 노동자들의 집들과 한데 섞여 있어요. 매일 기차를 타고 수천 명의 노동자들이 새로이 런던으로 들어오고 있어요. 거리에서는 붐비는 마차들 사이에 새로운 것이 눈에 띄네요. 바로 자동차예요! 또 가로등을 밝히고 지하철을 움직였던 증기와 가스 연료 대신에 전기 에너지를 쓰기 시작했어요.

런던의 가장 큰 역 주변의 길들은 활기가 넘쳐요. 강변에 있는 공장들은 엄청나게 다양한 물건들을 생산하고 있어요. 영국과 전 세계로 팔리는 선박, 유리, 도자기, 맥주, 잼, 식초, 가구들을 말이에요. 빈민가 자리에 들어선 집들은 비록 그을음으로 때가 탔지만 예전보다는 훨씬 깨끗해요. 새로운 상수도와 하수도가 생겨서 도시는 좀 더 위생적인 시설을 갖추었고 런던 노동자들의 임금도 꾸준히 오르고 있답니다.

공장과 창고 주변 골목들에는 집들이 빽빽하게 모여 있어요.

많은 거리는 아직 가스등을 사용해요.

1896년까지 붉은 깃발을 든 사람이 말 없는 마차 앞을 달리며 사람들에게 치가 오는 걸 알리고, 속도를 제한하는 '붉은 깃발 법'이 있었어요.

63년째 영국을 통치하고 있는 빅토리아 여왕은 이제 얼굴이 늙어 보이기 시작하네요. 동전에 새겨진 여왕의 얼굴도 말이에요.

하지만 세계 최고 강대국으로서 영국의 '황금기'는 지나갔어요. 영국의 수도 런던의 번영은 언제 깨질지 몰라 불안하답니다. 워털루 역의 이름은 다시 맛보기는 힘들겠지만 자랑스럽게 기억되는 1815년 워털루 전투의 승리를 기념해 지은 거예요. 또한 산업의 중심지로서 런던의 힘도 약해지고 있어요. 런던 공장에서 만든 물건들이 갈수록 외국에서 잘 팔리지 않고 있거든요. 곧 영국은 더 크고 막강한 해외의 경쟁자들과 경쟁을 벌여야 할 거예요.

서기 1900년의 런던

오늘날의 런던
서기 1900년, 런던
템스 강
웨스트민스터 사원
런던탑
세인트 폴 대성당
서더크

35

대공습

서기 1940년

공습으로 한 사람이 죽을 때마다 35명 정도는 집을 잃었어요.

런던 곳곳에 대공포들이 설치되어 있어요.

주변에 떨어진 폭탄에도 불구하고 세인트 폴 대성당은 무사하네요.

동쪽에 있는 런던의 부두 지역은 폭격의 주요 대상이에요.

서더크 다리

적의 조종사들이 잘 볼 수 없도록 거리에는 불을 켜지 않고, 차들은 헤드라이트를 어둡게 하고 다녀요.

모든 시민들은 언제나 방독면을 가지고 다녀야 해요.

문에 쌓아 둔 모래주머니들은 폭탄이 터질 때 문이 부서지는 것을 막아 줘요.

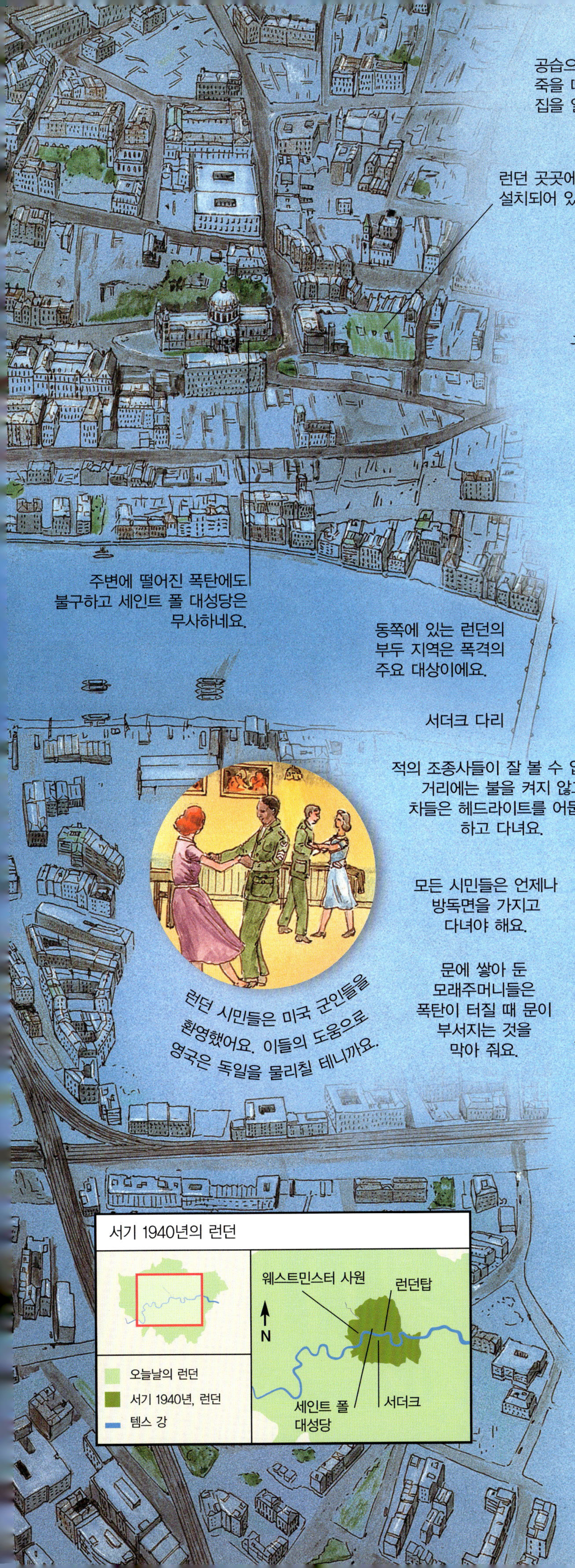

런던 시민들은 미국 군인들을 환영했어요. 이들의 도움으로 영국은 독일을 물리칠 테니까요.

비에 젖은 런던의 지붕들 위로 달이 떠오르자 사이렌이 왱왱 울리고 거대한 탐조등이 하늘을 이리저리 비추네요. 런던은 지금 공격 받고 있어요! 영국은 전쟁을 하고 있고, 엄청난 폭탄을 실은 적의 폭격기들이 다가오고 있어요. 방독면을 집어 들고 지하 대피소로 허둥지둥 피한 런던 시민들은 멀리 동쪽에서 들려오는 최초의 폭발음에 깜짝 놀라 몸을 움찔거리고 있어요.

런던 시민들은 이 폭격을 '블리츠(대공습)'라고 불러요. 이 말은 독일어 '블리츠크릭(Blitzkrieg)'에서 왔는데 '번개처럼 빠른 전쟁'이라는 뜻이에요. 런던에 폭탄을 퍼붓고 있는 나라는 독일이기 때문에 이 전쟁을 그렇게 부른답니다. 공습은 두 달 전에 시작되어 매일 밤 계속되고 있어요. 폭격기 조종사는 부두를 목표로 조준했지만 수많은 폭탄이 부두를 벗어나 런던의 집들 위에 떨어지고 있어요. 공습이 가장 심할 때는 하룻밤에 1,400명의 런던 시민들이 목숨을 잃게 될 거예요.

독일의 폭격기들은 무선 신호의 도움을 받아 목표 지점을 찾아요. 그래서 눈으로 보지 않고도 목표물을 공격할 수 있어요.

제2차 세계대전(1939-45년) 말기에 독일은 런던을 V-2s라는 크루드 로켓 미사일로 공격할 거예요.

런던 시민들은 고통스러웠어요. 런던은 거의 무방비 상태였거든요. 폭격을 피할 방공호도 별로 없었고, 탐조등은 너무 약했고, 적의 폭격기를 공격할 수 있는 대공포 또한 거의 없었어요. 깜깜한 하늘에서 영국의 전투기들은 적의 폭격기를 찾아낼 수가 없었어요. 하지만 정부는 뉴스를 장악해서 런던이 잘 저항하고 있고, 패배하지 않을 거라고 방송했어요. 이에 용기를 얻은 시민들은 일상생활을 계속했고, 다행히도 독일의 대공습은 실패로 끝났어요.

서기 1940년의 런던

- 오늘날의 런던
- 서기 1940년, 런던
- 템스 강

웨스트민스터 사원, 런던탑, 세인트 폴 대성당, 서더크

패션과 유행의 도시

서기 1963년

1960년대인 지금, 런던은 잠시나마 문화와 유행을 이끄는 세계의 수도가 되었어요. 전좌석이 매진된 공연장에는 흥에 겨워 소리치는 음악 팬들로 꽉 차 있어요. 또 세계 각국의 모든 사람들이 런던의 디자이너가 만든 옷을 입고 싶어 한답니다. 런던의 젊은이들은 전쟁에 반대하고 과거의 낡은 생각과 태도에 저항하는 운동을 이끌어 가고 있어요. 유명한 사진작가들은 이 모든 장면을 흑백사진 속에 용기 있게 담고 있어요.

런던의 거리 자체는 그다지 많이 변하지 않았어요. 전쟁 때 폭격으로 무너진 자리에는 새로운 건물들이 들어섰어요. 하지만 런던의 웨스트엔드 지역은 거의 50년 전 모습 그대로예요. 오늘은 '핵무기 반대' 운동을 벌이는 사람들이 행진을 하며 넓은 길을 가득 메우고 있어요. 근처에는 런던의 패션 중심지가 있네요. 바로 카나비 거리지요. 소호 지역 근처에 있는 이 거리에는 이제 유행을 앞서 가는 양복점과 과감한 팝아트(전통의 예술 개념에 반하는 현대 미술 운동 중 하나) 드레스를 파는 가게들이 늘어서 있어요.

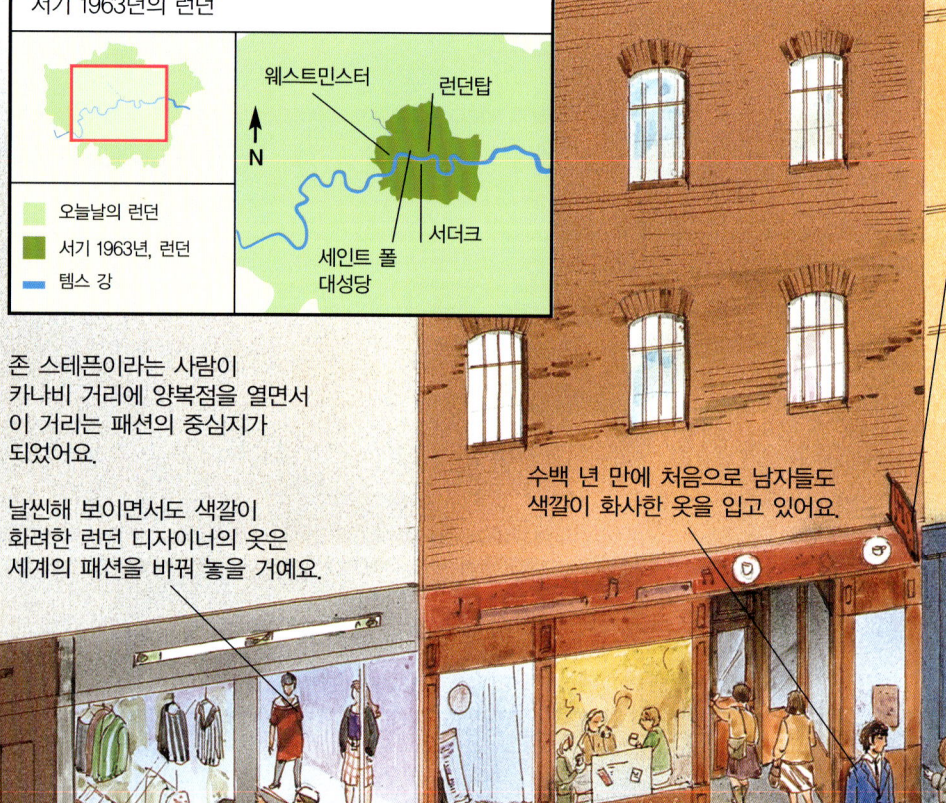

1963년에 핵무기를 반대하는 사람들이 모든 핵 실험을 금지하는 국제조약 제정을 요구하며 거리를 메우고 있어요.

시위자들 때문에 런던의 길이 꽉 막혔어요.

런던의 유명한 빨간색 이층 관광버스인 루트마스터는 2005년까지 승객들을 계속 싣고 달릴 거예요.

'평화운동' 때 사용한 마크는 이제 평화를 나타내는 국제적인 상징이 되었어요.

시위자들은 영국 남부의 앨더매스턴에 있는 원자폭탄 제조 공장에서부터 행진을 시작했어요.

소호의 거리에는 유행을 앞서 가는 카페들이 늘어서 있어요.

수백 년 만에 처음으로 남자들도 색깔이 화사한 옷을 입고 있어요.

서기 1963년의 런던

- 오늘날의 런던
- 서기 1963년, 런던
- 템스 강

웨스트민스터 / 런던탑 / 세인트 폴 대성당 / 서더크

존 스테픈이라는 사람이 카나비 거리에 양복점을 열면서 이 거리는 패션의 중심지가 되었어요.

날씬해 보이면서도 색깔이 화려한 런던 디자이너의 옷은 세계의 패션을 바꿔 놓을 거예요.

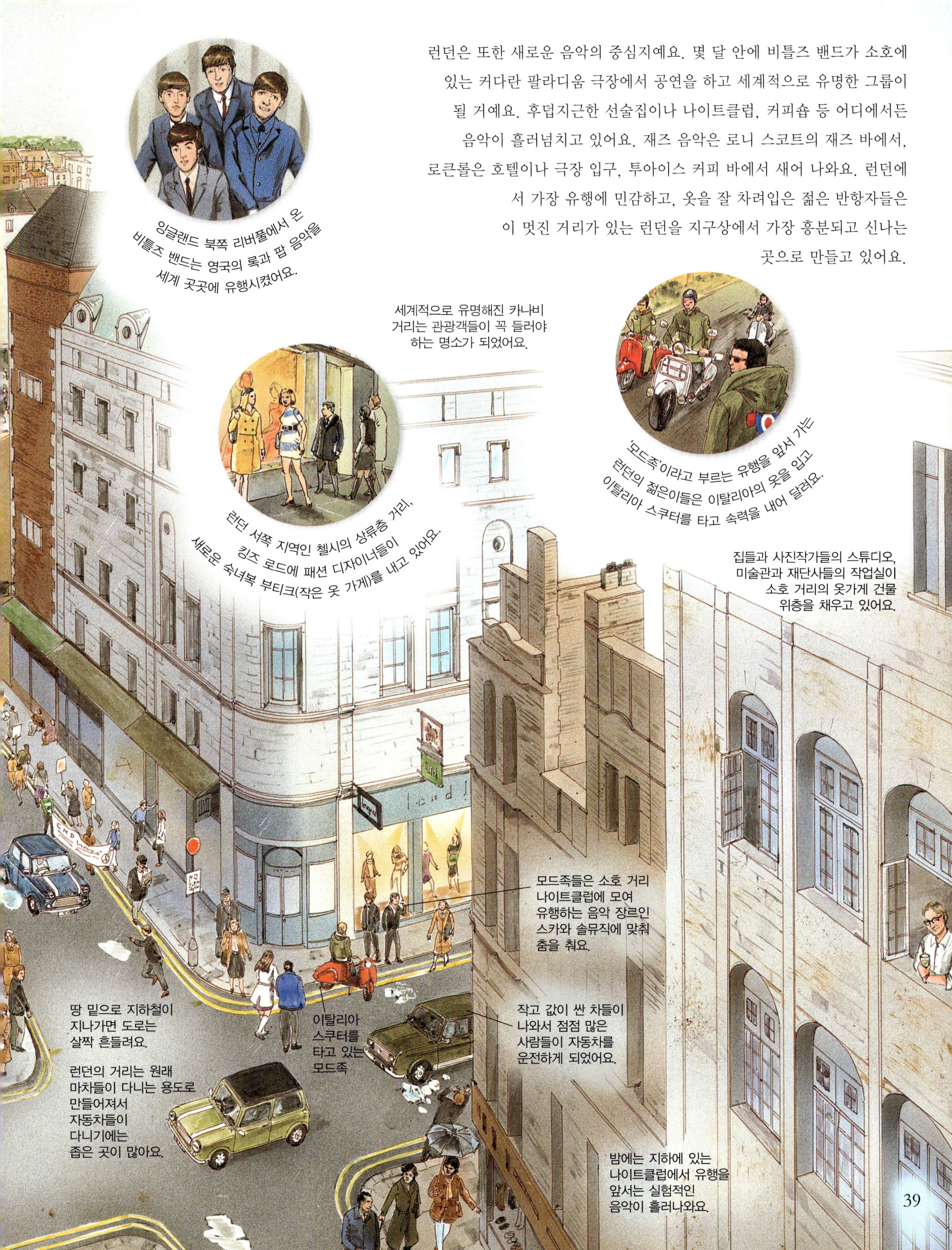

올림픽 개최 도시

오늘날

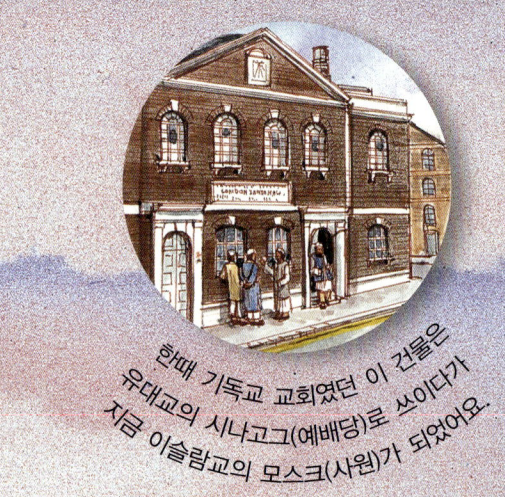

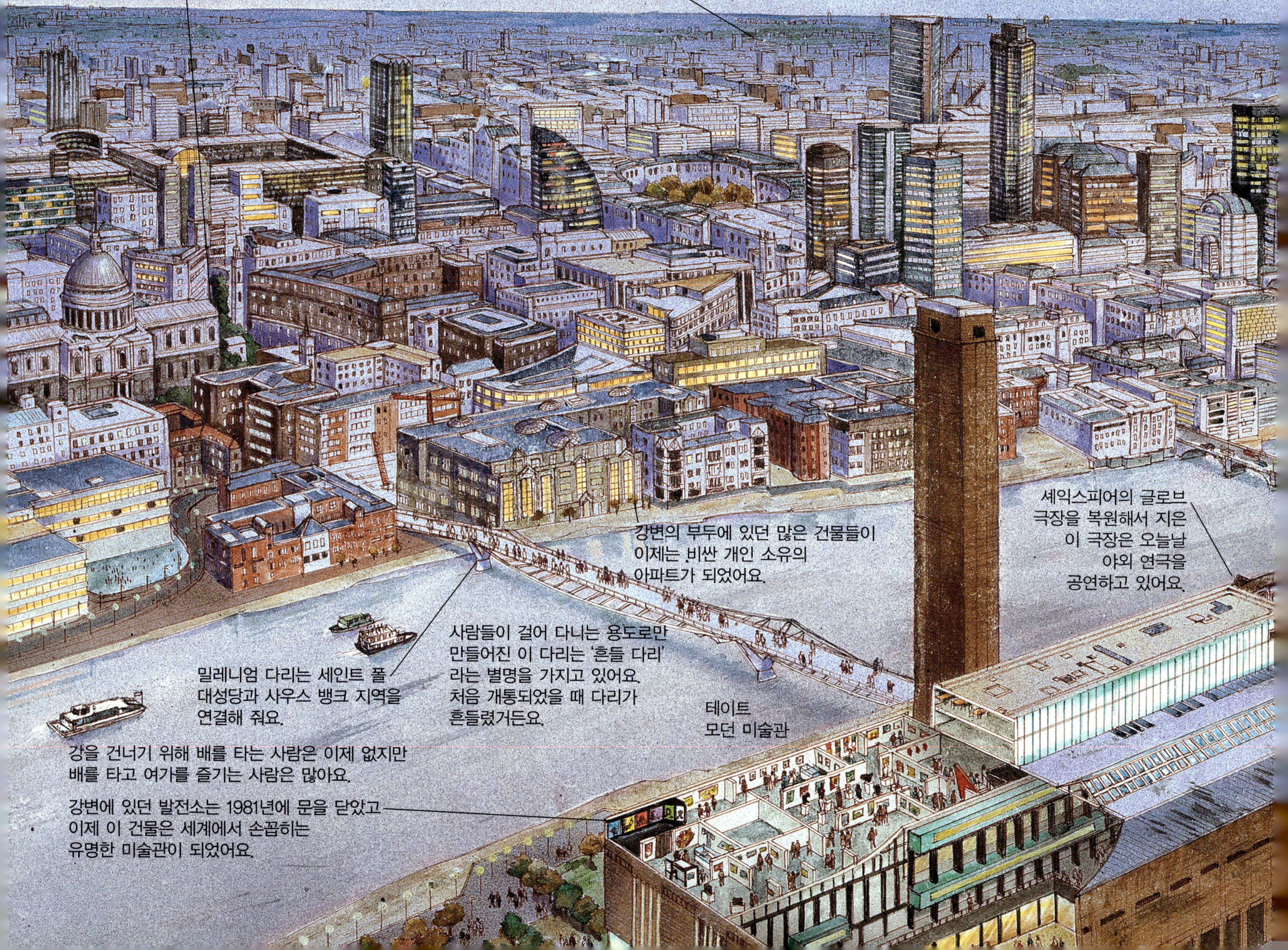

한때 기독교 교회였던 이 건물은 유대교의 시나고그(예배당)로 쓰이다가 지금 이슬람교의 모스크(사원)가 되었어요.

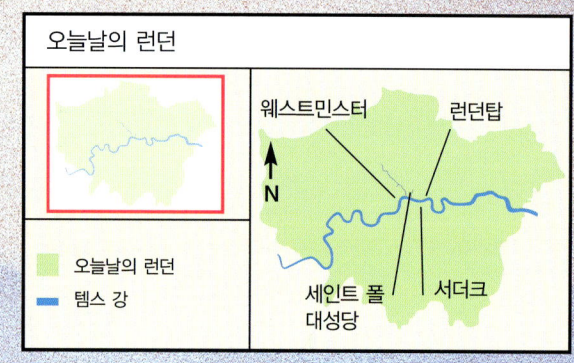

신석기시대 사람들이 템스 강변에 정착했던 이유는 높은 강기슭이 집을 짓고 사냥하기 좋은 터가 되어 주었기 때문이에요. 오늘날 금융의 중심지로 알려진 런던의 '더 시티'는 여전히 많은 이점을 가진 매력적인 곳이에요. 물론 지금은 신석기시대보다 더 다양한 사람들이 살고 있지요. 은행가와 재계의 거물들이 더 시티를 커다란 부를 얻을 수 있는 곳으로 만들었어요. 물론 돈을 몽땅 잃기도 하는 곳이지만요. 유리로 지은 높은 빌딩의 사무실에서 그들은 이제 거위가 아니라 돈을 사냥하고 있어요.

오늘날의 런던
웨스트민스터
런던탑
N
오늘날의 런던
템스 강
세인트 폴
대성당
서더크

도시 계획 설계자들은 세인트 폴 대성당과 런던의 더 시티에 있는 여러 채의 옛 건물들을 그대로 보존해 왔어요.
사방 1마일(1,609미터) 길이의 정사각형 모양을 하고 있는 더 시티는 지금도 런던의 금융 중심지예요.
런던 중심지의 땅값은 계속 올랐기 때문에 공장들이 외곽으로 밀려났어요.
강변의 부두에 있던 많은 건물들이 이제는 비싼 개인 소유의 아파트가 되었어요.
셰익스피어의 글로브 극장을 복원해서 지은 이 극장은 오늘날 야외 연극을 공연하고 있어요.
사람들이 걸어 다니는 용도로만 만들어진 이 다리는 '흔들 다리'라는 별명을 가지고 있어요. 처음 개통되었을 때 다리가 흔들렸거든요.
밀레니엄 다리는 세인트 폴 대성당과 사우스 뱅크 지역을 연결해 줘요.
테이트 모던 미술관
강을 건너기 위해 배를 타는 사람은 이제 없지만 배를 타고 여가를 즐기는 사람은 많아요.
강변에 있던 발전소는 1981년에 문을 닫았고 이제 이 건물은 세계에서 손꼽히는 유명한 미술관이 되었어요.

오늘날 런던은 더 시티 밖으로 넓게 확장되었어요. 고대의 성벽 너머로 점차 번성하면서 현대적인 수도의 모습을 갖추었지요. 수세기에 걸친 교역과 이민 그리고 정복에 의해 런던은 다양한 인종, 다른 생김새를 가진 사람들이 함께 사는 곳이 되었어요. 런던으로 망명하여 정착한 사람들도 새로운 예술과 언어, 음식과 같은 문화를 함께 뿌리내렸어요. 덕분에 런던은 일하고 생활하기 좋은 활기 넘치고 멋진 도시가 되었지요.

눈에 확 띄는 이 주경기장은 아주 가벼운 소재로 지었어요. 2012년 올림픽에서 가장 중요한 건물이 될 거예요.

올림픽 수영 경기장의 휘어진 지붕은 부서지는 파도의 모습을 표현한 거예요.

지금 런던에는 많은 변화가 일어나고 있어요. 지평선 위로 키 큰 크레인들이 스포츠 시설을 짓고 있어요. 2012년에 런던에서 올림픽이 열리거든요. 세계 각국의 사람들은 자기 나라 선수들을 응원하러 이곳에 올 거예요. 그리고 수천 년 전에 이 위대한 도시를 세웠던 사람들의 영혼 또한 안 보이지만 조용히 이들 속에 섞여 움직일 거예요.

1980년대부터 우뚝 솟기 시작한 수많은 고층 빌딩들은 썩어 가던 카나리 워프 부두를 런던 제2의 금융 중심지로 변화시켰어요.

게르킨 오이(통통한 서양 오이)처럼 생긴 유리로 만든 이 '게르킨 빌딩'은 런던의 경치를 바꿔 놓았어요.

올림픽은 런던 동쪽 끝의 스트래트포드에서 열릴 거예요.

런던교는 옛날부터 있던 자리에 지금도 있어요. (8페이지 참조)

타워브리지 옆에는 런던 시청이 있어요.

타워브리지는 근처에 있는 런던탑(타워 오브 런던)에서 그 이름을 따온 거예요.

카나리 워프

서덕 다리

캐논 스트리트 철교

낱말 풀이

로마인들은 전쟁 때 적에게 겁을 주고, 적을 짓밟기 위해서 아프리카 코끼리를 동원했어요.

㉮

가축 상인 : 농장의 동물들을 도시의 시장으로 몰고 가 가축을 사고파는 사람.

거룻배 사공 : 밑바닥이 납작한 거룻배에 물건을 실어 강을 건너 주던 뱃사람.

검투사 : 로마 시대에 원형극장에 마련된 전쟁터에서 싸웠던 노예로 평소에 싸우는 훈련을 받았어요.

극작가 : 연극 대본을 쓰는 사람.

글로브 극장 : 뱅크사이드에 있는 나무로 지은 둥근 극장으로, 이곳에서 '로드 챔벌린스 멘'이란 극단의 작품을 공연했어요.

기독교인 : 나사렛 예수(기원전 7-2년부터 서기 26-36년)에 의해 시작된 종교인 기독교를 따르는 사람들로, 예수를 신의 아들로 믿으며 숭배해요.

길드 : 중세에 상인들이 협동과 이익을 위해 조직한 동업 조합.

㉯

납 : 회색 금속으로 무겁고 연해서 모양을 만들기 편해요.

내전 : 같은 나라 사람들 사이에 벌어진 전쟁.

노르망디 : 프랑스 북쪽 지역 이름.

노르만족 : 11세기에 '정복자' 윌리엄의 지휘 아래 영국을 정복했던 노르망디 지방의 프랑스 사람들.

㉰

더 시티 : 런던 시 안에 있는 런던의 발상지로 성벽으로 둘러싸여 있어요. 지금은 런던 금융의 중심지가 되었어요.

동인도 회사 : 인도와 교역을 위해 1600년에 세운 영국의 회사였지만, 점차 이 회사가 인도를 지배하게 되었어요.

템스 강의 거룻배 사공들은 윌리엄 캑스톤의 인쇄소에 종이를 실어다 주었어요.

㉱

런던교 : 런던의 템스 강에 처음으로 놓인 다리. 이 다리는 처음 그 자리에 지금도 놓여 있어요.

런던탑 : 런던의 동쪽 구석에다 11세기에 노르만족이 지은 성.

로드 챔벌린스 멘 : 윌리엄 셰익스피어가 속해 있던 극단.

루이 8세(서기 1187-1226년) : 1216년 경에 잉글랜드의 절반을 잠시 다스렸던 프랑스의 왕.

룬덴빅 : 7세기와 8세기 때 색슨족들이 살던 당시의 런던 이름.

론디니움 : 로마 시대 런던의 이름.

㉲

마그나 카르타 : 서기 1215년에 잉글랜드의 귀족들이 존 왕에게 강제로 서명하게 한 문서로 존 왕의 권력을 제한하고 있어요. 오늘날 영국 민주주의의 기초가 되는 중요한 문서로 평가 받고 있어요.

망명자 : 자기 나라의 종교나 정치적인 박해로부터 보호 받기 위해 외국으로 거처를 옮긴 사람.

모드족 : 원래는 모던 재즈 음악을 좋아하는 사람을 부르는 별명이었으나, 1960년대에 깔끔한 옷을 입고 대중음악에 맞춰 춤을 추는 사람들을 일컫는 말이 되었어요.

서기 1216년에 루이 8세는 프랑스에서 런던으로 와서 잉글랜드의 왕이 되었어요.

신석기시대의 그릇

모스크 : 이슬람교를 믿는 무슬림(이슬람교 신자)들이 예배를 하는 곳.

미트라 : 페르시아의 신인 미트라는 빛과 진실의 신이에요. 기원전 1세기에 로마인들은 이 신을 섬겼어요.

미트라 신전 : 미트라 신을 모신 신전.

바

바실리카 : 로마에서 주로 포럼 옆에 지었던 직사각형 모양의 관공서 건물 양식.

바이킹 : 8세기부터 11세기까지 스칸디나비아 반도를 본거지로 하여 바다를 누볐던 사람들로, 유럽의 배들을 습격하고 해안을 침입하며 약탈을 일삼았어요.

방화선 : 불이 번지는 것을 막기 위해서 일부러 맞불을 놓거나 공간을 비워 만든 저지선.

배다리 : 배나 떠 있는 물체에 의지해 강 위에 세운 다리.

뱅크사이드 : 런던교 서쪽에 있는 템스 강 남쪽의 강기슭 지역을 이르는 곳.

부두 : 배가 물건을 싣거나 내릴 수 있도록 물가에 만든 곳.

부디카(또는 보디시아) : 이케니족의 여왕으로 서기 60년에 로마인들이 세운 도시 론디니움을 공격하여 불태웠어요.

부티크 : 특정 브랜드 지점이 아닌 소규모의 고급 옷 가게.

블리츠(대공습) : 독일어 블리츠크릭의 줄임말로 제2차 세계대전 때 독일이 런던에 퍼부은 기습적인 폭격을 이르는 말.

블리츠크릭 : '번개처럼 빠른 전쟁'이라는 뜻을 가진 독일어.

브리튼스 : 영국 사람들.

빅토리아 여왕(서기 1819-1901년) : 서기 1837년부터 죽을 때까지 영국을 다스렸던 여왕. 영국의 어느 왕보다 재위 기간이 길었어요.

사

사냥감 : 음식으로 먹기 위해서 잡는 야생 새들이나 동물들.

사무엘 페피스(서기 1633-1703년) : 런던에 살던 해군 장교, 1660년부터 9년이 넘게 쓴 일기로 유명해졌어요.

색슨족 : 5세기에 영국을 침입하여 살기 시작한 독일 사람들.

서더크 : 런던교 남쪽 지역에 이르는 곳.

석공 : 건물을 지을 때 사용하는 돌들을 자르고 쌓는 일꾼.

세관 : 관세청 기관 중 하나. 국경 지역에서 외국에서 들어온 물건에 세금을 매겼어요.

소호 : 런던 이스트엔드의 중심에 자리 잡은 활기 넘치는 곳으로, 19세기부터 런던 최고의 식당, 카페 등이 모여 있는 중심지예요.

수도원 : 신에게 헌신하며 소박한 삶을 사는 수도사들이 예배하고 일하는 곳.

시나고그 : 유대교를 믿는 유대인들이 예배를 하는 곳.

신석기시대 : 사람들이 돌을 다듬어 도구를 만들어 쓰기 시작한 시대.

십자군 : 11세기부터 13세기까지 신성한 땅 팔레스타인을 이슬람의 지배에서 해방시키겠다는 명분으로 유럽 기독교인 병사들이 떠난 군사 원정.

신석기시대의 조촐한 오두막들은 5500여 년 전에 지어졌어요.

아

애설울프 (서기 795-858년) : 잉글랜드 남부의 색슨족들의 왕으로 잉글랜드를 침입한 바이킹들과 맞서 싸웠어요.

앨버트 공 (서기 1819-1861년) : 빅토리아 여왕의 남편으로 1851년에 런던에서 열린 만국박람회를 개최하는 데 많은 역할을 했어요.

제2차 세계대전 때 독일이 썼던 '하인켈 He III' 폭격기

에드워드 4세 (서기 1442-83년) : 1461년부터 잉글랜드를 다스렸던 왕. 그는 1470년에서 71년까지 일어난 반란으로 6개월밖에 나라를 다스리지 못했어요.

엘리자베스 1세 (서기 1533-1603년) : 1558년부터 죽을 때까지 잉글랜드와 아일랜드의 여왕이었어요. 엘리자베스 여왕은 자신의 나라를 부유하고 강하게 만들었어요.

와틀 : 나뭇가지들을 엮어서 건물을 지을 때 사용하던 벽판으로, 이 위에 진흙 반죽을 발랐어요.

원형경기장 : 로마의 검투사들이 관객들을 즐겁게 하기 위해 싸웠던 둥그런 스타디움.

월브룩 천 : 지금은 지하로만 흐르는 작은 강이지만, 한때 성벽으로 둘러싸인 더 시티의 한가운데로 흐르던 강이에요.

윌리엄 셰익스피어 (서기 1564-1616년) : 배우이자 '로드 챔벌린스 멘' 극단의 공연 매니저였던 셰익스피어는 영국뿐 아니라 세계적으로 가장 유명한 극작가예요.

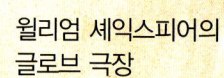

윌리엄 셰익스피어의 글로브 극장

윌리엄 캑스턴 (서기 1415-92년) : 상인이자 인쇄업자로 1473년에 영국에서 처음으로 인쇄기로 책을 인쇄했어요.

웨스트민스터 궁전 : 영국 의회가 열리고 있는 곳으로, 11세기부터 16세기까지는 잉글랜드의 왕이 살았어요.

웨스트민스터 사원 : 웨스트민스터의 중심이 되는 교회로 한때 수도원의 예배가 열렸어요.

유목 : 일정한 거처를 정하지 않고 옮겨 다니며 사는 삶.

이륜 전차 : 전쟁 때 말이 끌던 바퀴 두 개 달린 수레.

이민 : 자기 나라를 떠나 다른 나라로 이주하는 일.

이케니족 : 오늘날 잉글랜드 동쪽 지역인 노포크와 서포크 지역에서 살았던 켈트족 중 하나.

자

'정복자' 윌리엄 (서기 1028-87년) : 원래 이름은 '기욤 드 노르망디'예요. 1066년 잉글랜드를 정복하고 왕이 되었어요.

전염병 : 병균이 옮겨 다니며 많은 사람들이 아프거나 죽게 하는 심각한 질병.

제2차 세계대전 (서기 1939-45년) : 영국, 미국 그리고 연합군이 독일, 이탈리아, 일본과 6년 동안 싸웠던 비극적인 전쟁이에요.

조상 : 어떤 사람의 부모와 조부모, 증조부모와 고조부모 등 돌아가신 집안 대대의 어른.

조지 3세 (서기 1738-1820년) : 1760년부터 죽을 때까지 영국을 다스렸던 왕. 그의 재위 기간에 신대륙에 정착한 영국인들이 반란을 일으키고 미국을 세웠어요.

존 왕 (서기 1167-1216년) : 서기 1199년부터 내전으로 쫓겨나 사망할 때까지 잉글랜드를 다스렸던 왕. 귀족들이 반란 끝에 존 왕은 마그나 카르타에 서명을 했어요.

화이트 타워를 짓고 있는 모습

종교 의식 : 종교 행사 때 엄격한 질서에 따라 행해지는 특별한 행위.

증권거래소 : 기업의 미래 가치를 보고 돈을 걸고, 기업의 발전하면 돈을 버는 증권을 거래하는 장소.

지중해 연안 : 지중해 주변 지역을 말해요. 지중해는 남부 유럽과 북아프리카 사이에 있어요.

진흙 반죽(도우) : 나무막대기들을 사다리 모양으로 겹쳐서 만든 와틀에 바르는 반죽으로, 진흙, 모래, 지푸라기 등을 섞어서 만들어요.

카

커서스 : 신석기시대에 강둑의 길에다 두 줄로 파 놓은 도랑. 종교 의식의 일부로 사용되었으리라 추측해요.

켈트족 : 중앙 유럽에서 온 켈트족은 기원전 9세기에 영국에 정착했어요.

크리스토퍼 렌(서기 1632-1723년) : 1666년 런던의 대화재 이후에 다시 지은 세인트 폴 대성당을 비롯해 많은 교회들을 설계한 영국의 건축가예요.

타

타이번 : 전통적으로 교수형을 시행하던 런던 서쪽에 있는 공개 사형 집행장.

템스 강 : 런던을 통과해 흐르는 커다란 강.

파

팝아트 : 1960년대부터 등장한 예술의 한 종류로 광고나 뉴스, 사진 등을 주로 재료로 사용하고 강한 색깔과 대담한 이미지로 표현하는 것이 특징이에요.

페스트 : 빠른 시간 안에 급속도로 펴져서 많은 사람들을 죽이는 급성 전염병. 흑사병이라고도 불러요.

포럼 : 로마 시대에 도시 중앙에 있었던 열린 공간으로, 주로 시장으로 사용되었어요.

포탄 : 대포에서 발사된 폭발물.

플리트 강 : 템스 강으로 흘러드는 작은 강으로 한때 쓰레기를 내다 버리던 곳이었어요. 하지만 이제 이 강은 지하로 흐르지요.

피치 : 벽이나 다른 표면에 방수를 위해 바르는 끈적끈적하고 기름기가 있는 물질. 석유나 석탄으로 만들어요.

하

흑사병 : 14세기 중반에 처음으로 유럽을 강타한 치명적인 전염병으로 유럽 인구의 절반 정도가 이 전염병으로 죽었어요.

화이트 타워 : 런던탑에서 가장 먼저 세워진 건물이에요. 나중에 런던탑은 여러 건물이 지어지고 성벽과 템스 강에 둘러싸이게 되었지만 화이트 타워가 그중 가장 커요.

흑사병으로 죽은 사람들을 묻은 구덩이

기타

V-2s : 제2차 세계대전 때 유럽 대륙에서 런던을 향해 독일군이 쏘았던 미사일.

제2차 세계대전 때 사용한 영국의 대공포.

찾아보기

1900년에 런던의 교통수단은 여전히 커다란 합승 마차를 포함해서 말이 끄는 마차가 대부분이에요.

㋐
가게 12, 19, 38
가로등 3, 34, 35
가축 상인 30, 42
거룻배 사공 23, 42
검투사 13, 42
게르킨 빌딩 41
곰 놀리기 25
공장들 34, 35, 40
관공서 13
교회 14, 15, 16, 17, 19, 27, 28, 35, 40
극장 24, 25, 39
글로브 극장 3, 24, 25
금융 중심지 40, 41, 42, 44
기독교인 42
길 10, 11, 17, 19
길드 23, 42

㋑ ㋒
납 22, 28, 34, 42
내전 42

노르만족 16, 42
농사 6, 22
뉴게이트 12
다리 3, 7, 8, 10, 12, 16, 18, 19, 23, 37
대화재 3, 26, 27, 28, 29
더 시티 40, 41, 42, 44
동인도 회사 25, 42

㋓
러드게이트 12
런던교 18, 19, 26, 27, 41, 42
런던탑 17, 41, 42
로드 챔벌린스 멘 24, 42
로마 3, 8, 9, 10, 11, 12, 13, 14, 43
론디니움 2, 10, 11, 12, 13, 14, 15, 42, 43
루이 8세 18, 19, 42
루트마스터 버스(빨간 2층 버스) 38
룬덴빅 3, 14

㋖
마그나 카르타 19, 42
만국박람회 3, 32, 33
모드족 39, 42
모스크 40, 42
미국 37, 44
미트라 13, 42
미트라 신전 13, 42
밀레니엄 다리 40

㋗
바실리카 13, 43
바이킹 3, 14, 15, 43
박물관 33
방공호 36
방화선 27, 43
배다리 8, 43
뱅크사이드 24, 25, 43
부두 10, 15, 16, 19, 40, 43
부디카 3, 10, 11, 13, 43
블랙프라이어스 다리 36
블리츠(대공습) 37, 43
비숍스게이트 13
비틀즈 39
빅토리아 여왕 33, 35, 43
빈민가 21, 30, 31, 35
빙하기 3

㋘
사냥 3, 6
사무엘 페피스 3, 27
색슨족 14, 15
서더크 18, 27, 43
서더크 다리 37, 41
석공 16, 28, 43
세관 43
세금 17, 43
세인트 가일스 성당 30, 31
세인트 폴 대성당 3, 18, 28, 29, 37, 41
소호 38, 39, 43
수공업자 23, 31
수도원 16, 23, 43
스모그 35
스트래트포드 41
시나고그(유대교 예배당) 40, 43
신석기시대 6, 7, 40, 43
십자군 17, 43

㋙
애설울프 15, 44
앨버트 공 33, 44
앨프레드 대왕 15
에드워드 4세 23, 44
엘리자베스 1세 25, 44
오염 35

옥스퍼드 거리 30

올드게이트 13

올더스게이트 12

올림픽 3, 41

옷 7, 38

와틀 7, 45

워털루 다리 34, 36

워털루 역 34, 35, 36

원형경기장 12, 13, 44

월브룩 천 7, 13, 15, 44

웨스트민스터 궁전 17, 23, 44

웨스트민스터 사원 22, 44

윌리엄 셰익스피어 3, 24, 25, 44

윌리엄 캑스톤 3, 22, 23, 44

유목 7, 44

음악 39

이륜 전차 11, 44

이민 41, 44

이케니족 10, 11, 43

인쇄 3, 22, 23

임뱅크먼트 34

자

저항 38

'정복자' 윌리엄 3, 16, 17, 44

제2차 세계대전 3, 36, 37, 44

조상 44

조셉 팍스톤 32

조지 3세 30, 44

존 왕 18, 19, 44

종교 의식 44

증권거래소 44

1783년에 타이번에서 마지막으로 교수형을 당한 사람은 존 오스틴이라는 노상강도였어요.

지하철 3, 34, 36, 39

진흙 반죽 7, 45

집들 7, 10, 11, 13, 14, 15, 17, 18, 19, 20, 22, 28, 30, 31, 35, 37, 39

차 카

찰스 1세 3

철길 34, 35, 37

카나리 워프 41

카나비 거리 38, 39

카페 38, 39

캐논 스트리트 철교 41

커서스 7, 45

켈트족 3, 9, 10, 11, 45

코벤트 가든 14

크리스털 궁전 32, 33

크리스토퍼 렌 28, 29, 45

크리플게이트 12

타 파

타워브리지 41

타이번 30, 45

템스 강 3, 6, 7, 9, 10, 12, 13, 14, 15, 16, 18, 19, 24, 25, 32, 34, 40, 45

팔라디움 극장 39

팝아트 38, 45

포럼 10, 13, 45

푸딩 레인 거리 26, 27

플리트 강 24, 45

피치 27, 45

피터 드 콜처치 18, 19

하

하이드 파크 33

합승 마차 32

헝거포드 다리 36

화이트 타워 16, 17, 45

흑사병 3, 20, 21, 45

기타

V-2s 37, 45

제2차 세계대전 때 탐조등이 폭격기를 찾아 런던의 하늘을 비추고 있어요.

리처드 플랫 글_1992년부터 어린이를 위한 다양한 책을 쓰고 있으며,
아내와 함께 영국의 켄트에서 살고 있습니다. 많은 작품 가운데 〈해적 일기〉는 케이트 그린어웨이 상(2002),
스마티즈 상(2002, 실버) 그리고 2003년 영국의 블루 피터 어린이 도서 상에서
'최고 이론서 상'을 수상했습니다. 지은 책으로는 〈아스텍 문명〉, 〈캐슬 다이어리〉, 〈폼페이의 발견〉, 〈베이징〉 등이 있습니다.

마누엘라 카폰 그림_사실적이고 수준 높은 그림을 그리는 화가로 인정을 받고 있습니다.
이탈리아 플로렌스에 있는 MM 커뮤니케이션 일러스트레이션 스튜디오 창립 회원이며,
현재 이탈리아와 유럽의 다양한 출판사에서 활동하고 있습니다.
그린 책으로 〈폼페이의 발견〉, 〈베이징〉 등이 있습니다.

강미라 옮김_이화여자대학교 영문과를 졸업한 뒤 출판사에서 어린이 책을 만들었습니다.
지금은 프리랜서 번역가로 활동하고 있습니다. 옮긴 책으로는
〈정글의 동물〉, 〈무툴라는 못 말려〉, 〈어린이 세계지도책〉,
〈다섯 살은 괴로워〉, 〈엘리자베스 1세〉, 〈오리 탈출 소동〉 등이 있습니다.

세계도시파노라마3
런던

펴낸날 | 1판 1쇄 2011년 5월 13일 인쇄 2011년 5월 30일 발행
글 | 리처드 플랫 그림 | 마누엘라 카폰 옮김 | 강미라
펴낸이 | 문상수 펴낸곳 | 국민서관(주) 출판등록 | 1997년 8월 13일 제10-1479호
편집 | 김윤희 디자인 | 정다울
제작 | 마현우 영업 | 목선철, 조병준, 조윤정
주소 | (413-832) 경기도 파주시 교하읍 문발리 파주출판문화정보산업단지 514-4호
전화 | 영업 070)4330-7854 편집 070)4330-7861 팩스 | 031)955-7855
홈페이지 http://www.kmbooks.com 카페 http://cafe.naver.com/kmbooks
ISBN 978-89-11-02957-0 77920 값 12,000원
* 잘못된 책은 구입하신 곳에서 바꿔 드립니다

THROUGH TIME LONDON

by Richard Platt, illustrated by Manuela Cappon
Copyright ⓒ Macmillan Children's Books, 2009
All rights reserved.
Korean Translation Copyright ⓒ by Koookminbooks Co., Ltd. 2011
Korean edition is published by arrangement with Macmillan Children's Books
through Imprima Korea Agency.

이 책의 한국어 판 저작권은 Imprima Korea Agency를 통해
Macmillan Children's Books와 독점 계약한 국민서관(주)에 있습니다.
신 저작권법에 의해 한국 내에서 보호를 받는 저작물이므로 무단전제 및 무단복제를 금합니다.

이 도서의 국립중앙도서관 출판시도서목록(CIP)은 e-CIP
홈페이지(http://www.nl.go.kr/ecip)에서 이용하실 수 있습니다.
(CIP제어번호 : CIP2011001980)

웨스트민스터는 11세기부터 16세기 초반까지
영국의 왕들이 살던 곳이에요.